# 常州博物馆
## 50周年 · 典藏丛书

文物出版社

主　编　陈丽华

副主编　钱　潮

黄建康

林　健

唐星良

邵建伟

执　笔　朱　敏

左树成

李　威

谭杨吉

程　霞

# 序　言

　　常州，地处富饶美丽的长江三角洲，是一座具有悠久历史的江南文化名城。

　　自春秋末吴国季札受封于延陵至今，常州有文字记载的历史已达2500余年。西晋以来，一直是郡、州、府的治所。清代常州府辖八县，故有"中吴要辅、八邑名都"的美誉。常州历代经济发达，科举鼎盛，文化昌盛，名家辈出。特别在清代，涌现了具有全国影响的五大学派：常州画派、常州词派、常州学派、阳湖文派、孟河医派。清代著名思想家龚自珍赞叹常州为"天下名士有部落，东南无与常匹俦"。

　　常州博物馆创建于1958年，在社会各界人士的支持下，历50个春秋岁月，经几代博物馆人的共同努力，现已发展为一座具备一定规模的地方历史综合性博物馆（含江苏省唯一的一家少儿自然博物馆）。目前馆藏文物2万余件，以良渚文化玉器、春秋原始青瓷器、宋元漆器和明清书画为收藏特色，其中南宋戗金漆奁、宋代影青观音坐像等文物弥足珍贵。

　　建馆50年来，曾三易馆址。建馆初期，馆址设在红梅公园内的红梅阁，后迁至天宁寺，1983年9月又迁至清凉寺，工作条件十分简陋。为了常州博物馆事业的发展，几代文博工作者艰苦奋斗、征集文物、考古发掘、制作标本、陈列展览、科学研究，取得了可喜的成果，激励着当代文博工作者奋发向前。可以说，常州博物馆的全体人员以崇尚事业、不懈努力、勇于奉献、敢于创新的精神走过了不平凡的、有作为的50年。

　　常州博物馆新馆于2007年4月28日在常州市委、市政府的关心和支持下全面落成开放。新馆外观新颖、设施齐全、功能先进、富有时代气息。其中博物馆总面积为23095平方米（含共享空间、技术用房），总体建筑分为五层，地上有四层、地下有一层。地上第一至三层为陈列展览区，地下一层和地上第四层为库房和办公区域。展区面积近1万平方米，共有9个展厅，展览主要有：常州历史文化陈列——以常州古代历史为脉络，以常州文物精品为特色，彰显地方文化底蕴；自然陈列——是江苏省综合性博物馆中的特色展览，集知识性、趣味性、互动性于一体；谢稚柳艺术馆——展示谢稚柳先生的艺术生涯及艺术成就；刘国钧捐献红木家具陈列——展示稀有珍贵的晚清整套红木家具；临时展览——承接各种不同类型的展览。新馆开馆一年来，以新颖独特的外观、先进完备的设施、丰富精美的陈列、优质高效的服务迎接着四面八方的游客，受到业内同行和社会各界的认可和好评。

　　当常州博物馆新馆开馆周年正值50华诞之际，我们编辑出版了这套典藏丛书（5册）奉献给读者。典藏丛书集馆藏书法、绘画、瓷器、漆木·金银器、玉器·画像砖等文物精品近500件。我们编纂此书的目的是希望广大读者能领略到常州博物馆文物藏品的风采和独特魅力，以展示常州的悠久历史和地方特色，激发人们热爱祖国、热爱家乡的情怀。同样，典藏丛书的出版能更好地展示常州和谐、持续发展的独特资源优势，是增强城市文化软实力、科学发展实践和运用的体现，也是常州博物馆的全体人员对常州经济、文化发展所做出的贡献。

常州博物馆馆长　陈瑞华

2008年10月

# PREFACE

Changzhou lies in the beautiful and richly endowed Yangtze River Delta. It is a famous cultural city with age-long history in South China.

Since the late Spring-and-Autumn period when Ji Zha of the Wu State was enfeoffed in Yanling, the literally recorded history of Changzhou has lasted for over 2,500 years. From the Western Jin Dynasty, Changzhou was all along the seat of a prefecture or a district. In the Qing period, Changzhou Prefecture administrated eight counties, so it was praised as "an important area in the Wu land and a famous center with eight counties." For several successive dynasties Changzhou flourished economically and culturally, winning a good name in imperial examinations and brought up people of talent generation after generation. Especially in the Qing period, there appeared five nationally-influential schools, i.e. Changzhou painting school, Changzhou ci poetic school, Changzhou school of the Confucian classics in the Han period version, Yanghu literary school and Menghe medical school. It is completely reasonable that Gong Zizhen, a celebrated thinker of the Qing period, commended the city with admiration in his poetic sentences "People with literary reputation under heaven come largely from certain regions, yet those from Changzhou are matchless in number throughout Southeast China."

The Changzhou Museum was found in 1958. Through 50 years of development and with the joint efforts of generations of its workers and the generous support from various social circles, today it has become a considerable-scale integrated museum of regional history (including its children's museum of nature, the only one in Jiangsu Province). Its collections have exceeded 20,000 cultural relics with the Liangzhu Culture jades, the Spring-and-Autumn period proto-celadon, the Song and Yuan lacquer-ware and the Ming and Qing calligraphy and paintings as their characteristics, among which are a number of extremely valuable objects, such as the Southern Song period lacquered toilet boxes with gilt incised design, the Song period shadowy blue seated Avalokitesvara and other national-grade treasures.

In the 50-year course since the Museum's founding, it changed its site three times. In the early period it was located in the Hongmei Pavilion of Hongmei Park. From there it was moved to the Tianning Temple a little later and again to the Qingliang Temple in September 1983, but the condition of work was always rather poor. Nevertheless, for the development of the Museum's cause, generations of our antiquarian workers made steadfast and assiduous efforts and obtained gratifying achievements in cultural relics collection, archaeological excavation, exhibits preparation and organization, and scientific research, which impelled greatly our antiquaries' fervor of striving

for success. Indeed, the Changzhou Museum people went through an extraordinary yet fruitful 50-year course with the spirit of loyalty to the cause, unremittingly exerting themselves, willing to dedication and being bold in making innovations.

With care and support from the Party committee and government of Changzhou City, the Museum's new site was completed and began to open to the public on 28 April 2007. It is novel in appearance, complete in equipment, advanced in function and full of flavor of the times. It has a total area of 23,095 sq m (including the communal space and technical rooms). The whole building consists of five floors: four on the ground and one under it. The first to third floors are for exhibition, and the underground and fourth ones are storerooms and offices. The exhibition space measures approximately 10,000 sq m and comprises nine halls, which service mainly to the following subjects. 1) The exhibition of Changzhou history and culture. It is organized according to the developmental line of the city's ancient history, displays select Changzhou cultural relics and reflects the basic cultural contents of the present region. 2) The exhibition of natural environments. This is a characteristic feature of our institution as a provincial integrated museum. It combines knowledge with interest and the expression of mutual actions. 3) The Xie Zhiliu art gallery. It exhibits Mr. Xie's art career and accomplishments. 4) The exhibition of the mahogany furniture Liu Guojun presented, a complete set of rare and invaluable mahogany articles handed down from the late Qing period. 5) The organization of various exhibitions in times of need. For over a year since the opening of the new building, our Museum, with its novel and unique appearance, advanced and perfect facilities, rich and fine exhibitions and excellent and effective service, have welcomed numerous visitors from all directions and won positive remarks and favorable comments from the antiquarian and museological profession and people in all walks of life.

On the occasion of the 50th anniversary of the founding of the Changzhou Museum as well as the first anniversary of the opening of its new building, we compile and publish the present series of classic books (five volumes) for offering to readers. This series shows 449 select cultural relics collected in our Museum, which fall into the classes of calligraphy, paintings, porcelain, lacquer-, gold- and silver-ware, and jades and pictorial bricks. It is our purpose that the broad readers, through these volumes, will see and appreciate the elegant appearance and distinctive charm of the Museum-collected cultural relics, get more knowledge of Changzhou's age-long history and local characteristics, and raise their feelings of loving our motherland and hometown. Meanwhile, the publication of the series will show the harmonious and sustained development of Changzhou, as well as the superiority of its unique resources. We hope that this set of books will be helpful to strengthen the city's soft cultural force and to practicing and applying the concept of scientific development, which will be also a bit of contribution of our Changzhou Museum colleagues to the city's economic and social development.

Director of Changzhou Museum　Chen Lihua
October 2008

# 目　录

目 录

目 录

# 前　言

...邵建伟

中国是一个瓷器的国度。在我国的文物收藏中，瓷器无疑是一方最芬芳绚丽的百花园。中国瓷器发展的历史在前进中曲折多变，但大体而言，其造型变化从古朴雍容到千姿百态；其品种门类从相对单调到生活万象；其装饰风格从纯净深沉到繁缛富丽；其釉色追求从冰肌玉骨到姹紫嫣红。而且可以说在所有的文物门类里，没有一种像瓷器那样把中华文明演绎得如此多彩、如此深沉，而让人回味、让人兴叹。

瓷器是我国人民的伟大创造。在其出现后便因其坚固耐用、清洁美观、造价低廉，从而成为人们世俗的日常生活用其首选，对人们的生活产生了巨大影响，这种宏大影响至今仍延续着。中国瓷器留存的数量可以用庞大来表示，其范畴是十分复杂的，即使对其分门别类，也难以简而言之描述清楚。但是我们可以说瓷器既是世俗的又是优雅的。无论早期是作为青铜礼器的替代品，还是今天我们将其分为茶具、餐具、酒具、文具、玩具、乐器、陈设装饰瓷、瓶罐等实用器，其意义除实用价值外，不单单是审美价值、工艺价值、科技价值，因为瓷器生产时在不同时代、不同层面、不同角度都和现实生活接触、交流、融合，更是生活方式、观念思想、精神形态的统一体，其意义还有历史价值、文化价值等。瓷器的本质及其生产的大发展还注定其在我国古代的国际、国内商品贸易的舞台上一定是扮演主要角色。常州不是产瓷区，常州博物馆的藏瓷多是发掘出土的，其中不乏名窑珍品、民窑精品，这些名瓷贵器何以在这里汇集，这是常州独特的地理位置所决定的，也取决于古代常州发达的商贸经济。

大约在公元前16世纪的商代中期，中国就出现了以高岭土为原料的高温釉陶为标志的瓷器。经过西周、春秋战国到秦汉，历经千余年的发展，由不成熟逐步到成熟，虽明显具有瓷器的基本特征，但被人们称为"青釉器"。它们的质地较陶器细腻坚硬，胎色以灰白色居多，胎质基本烧结，吸水性较弱，器表施有一层石灰釉。因为它们与瓷器还不完全相同，其无论在胎体上，还是在釉层的烧制工艺上都尚显粗糙，烧制温度也较低，表现出原始性和过渡性，所以一般也称其为"原始瓷"或"原始青瓷"。常州出土的原始青瓷时代早的为西周中晚期，这些原始青瓷已经历了初始发展阶段，用料摆脱了早期粗糙不精的状态，制造工艺开始采用泥条盘筑慢轮修整，瓷釉呈色稳定。器形有豆、碗、盘、罐及大型的瓮等。早期原始青瓷的造型与风格受到中原青铜文化的影响，但本土化的倾向十分明显，成为具有浓郁地方色彩的作品。在纹饰方面，锥点纹、剔刺纹、堆塑纹都是中原所没有的。水波纹和水涡纹，更是江南水乡特色的反映。春秋时期，制造工艺进一步提高，出土的器物，器形更加规整，造型优美，并采用多种堆塑、贴塑、剔刺等工艺，施釉采用浸釉法，釉层厚而均匀，器形样式更多。至春秋战国之际，这里的原始青瓷的瓷胎更加纯净、细腻，呈灰白色或土黄色，成型工艺由原先的泥条盘筑轮转修坯改为拉坯成型，胎体致密坚硬，厚薄均匀，击之铿锵声响，但器形与纹饰都趋向单纯。

东汉时期，制瓷工艺首先在江浙地区取得全面突破。瓷器的加工精细，胎质坚硬，不吸水，烧制温度也提高了，表面施有一层青色玻璃质釉，这种高水平的制瓷技术标志着中国瓷器生产已进入成熟期，并在相当长的一段时间里，这种青瓷独盛，历久绵延。从常州出土的瓷器看多为青瓷。青瓷器已取代陶器、金属器、漆木器，成为人们日常生活中重要而普遍的生活用具，如罐、瓶、虎子等，同时青瓷被大量运用到文具中，如笔筒、水盂、砚等。如水盂的造型很丰富，有蛙形、鸟形、兔形、牛形等样式。常州出土的这一时期的青瓷正是浙江越窑（绍兴、上虞、余姚等地）和江苏宜兴一带的产品。因为常州得近水楼台之便，越窑所在的绍兴地区和常州在先秦同属吴越地区、秦汉均属会稽郡，隔太湖相望，当时江南水乡水上交通便利，故左思《吴都赋》中说"戈船掩乎江湖"。宜兴在常州左近，更是便利。这种靠近青瓷主产区的地理优势在后代的常州发现的墓葬中也时有表现。

历史发展到唐代，不仅瓷器的使用更为广泛，"天下无贵贱通用之"，而且瓷器的制作技术和艺术创作已达到高度成熟。如萌发于南北朝的白釉瓷器，到了隋朝，已经发展到成熟阶段。至唐代更有新的发展，瓷器的烧成温度达到1200°C，瓷的白度也达到了70%以上，接近现代高级细瓷的标准。这一成就为釉下彩和釉上彩瓷器的发展打下了基础。宋代制瓷业蓬勃发展，名窑涌现，在胎质、釉料和制作技术等方面又有了新的提高，烧瓷技术达到完全成熟的程度。在工艺技术上有了明确

的分工，是我国瓷器发展的一个重要阶段。唐宋时期闻名中外的窑口很多，耀州窑、磁州窑、长沙窑、景德镇窑、吉州窑、龙泉窑、越窑、建窑、德化窑等都有其独特的风格，常州博物馆收藏有这些窑口的产品，而宋代五大名窑中官窑、钧窑、定窑的精品也曾在常州出土。全国各地名瓷的汇集，是因为大运河开通以来，常州所在的江左地区从唐代开始成为封建国家的粮仓和税赋重地，更是"贡赋必由之路"，成为重要的交通枢纽的常州，有"襟带控三吴，舟车会百越"，"自苏松到两浙七闽数十州，往来南北二京者，无不由此途出"之称。在传统农业经济高度发达的基础上，优越的交通条件推动了唐宋时期常州商业贸易的繁华，这些来自全国著名窑口的瓷器正是这段历史的重要物证。

明清时代的瓷器从制坯、装饰、施釉到烧成，技术上更是超过前代。我国古代陶瓷器釉彩的发展，是从无釉到有釉，又由单色釉到多色釉，然后再由釉下彩到釉上彩，并逐步发展成釉下与釉上合绘的五彩、斗彩。明清时期的青花、釉里红、颜色釉、彩瓷等，精彩纷呈。但这一时期由于官府直接经营御器厂设立窑场，其产品为宫廷所垄断，因此常州博物馆发掘收藏的明清瓷器以民窑产品为主，一些官窑器多是近些年征购得来。

本书所收常州博物馆的瓷器，上起先秦，下迄清代，从时代上贯穿了中国古代瓷器发展史。但作为常州博物馆典藏丛书之一、藏瓷的精华选本，仍不足以对中国瓷器史作全景式的介绍，编纂此书只是让大家对常州博物馆50年的藏瓷有一个粗略、完整、清晰的了解。

瓷

器

**原始青瓷罐**

Proto-celadon Jar

春秋（前770～前475年）

Spring-and-Autumn period (770BC–475BC)

高17.1厘米　口径13.5厘米　腹径22厘米　底径19厘米

◎口沿外折，直颈，鼓腹，平底。内外施茶黄色釉，底部
无釉，胎体较坚致。颈部饰一周凸棱纹和数周锯齿形刻划
纹，肩部对称饰两个鋬耳，腹部拍印双线勾连纹。

原始青瓷簋
*Proto-celadon Gui Food Container*
春秋（前770～前475年）
Spring-and-Autumn period (770BC–475BC)
高12厘米　口径20.5厘米　底径25厘米
1972年江苏常州武进区淹城遗址出土

◎侈口，束颈，浅腹圆鼓，圈足。胎体厚重坚致，内外施青黄色釉，器底无釉。肩部堆贴不等距分布的五只小鸟和一对绹纹耳，耳两旁附加"S"形堆纹，腹部用剔刺法制成细密的锥刺纹，腹面两侧各堆贴一道扉棱。施釉均匀，造型规整。

**原始青瓷尊**

*Proto-celadon Zun Vase*

春秋（前770～前475年）

Spring-and-Autumn period (770BC–475BC)

高30.7厘米 口径23.8厘米 腹径28.4厘米 底径19.5厘米

◎口微外撇，束颈，斜折肩，椭圆筒形腹，平底。内外施茶黄色釉，底部露胎。器身拍印圈、线结合的几何纹，由肩至底共11重，肩部贴有一对绹纹耳。胎质坚硬。

瓷 器

**原始青瓷盒**

Proto-celadon Box

春秋（前770～前475年）

Spring-and-Autumn period (770BC–475BC)

高7.5厘米　口径10.5厘米　底径8厘米

◎釉色灰青，釉面部分剥落。肩部饰一周"人"字刻纹，并饰一对绚系及"S"形堆塑。

**原始青瓷鼎**

Proto-celadon *Ding* Tripod

春秋（前770～前475年）

Spring-and-Autumn period (770BC–475BC)

高9.8厘米　口径17.9厘米　腹径18.8厘米　底径7.9厘米

◎侈口，束颈，浅圆腹，三个粗矮足。胎体坚致，釉色茶黄。腹部饰四周锥刺纹，并堆塑三条竖向扉棱与三足相连，扉棱顶端各饰一"S"形堆塑纹，鼎内壁有不规则螺旋纹。

**原始青瓷罐**
Proto-celadon Jar
春秋（前770～前475年）
Spring-and-Autumn period (770BC–475BC)
高7.7厘米　口径7.3厘米　底径6.5厘米

◎胎质坚致，釉色青黄。口沿外侈，丰肩，圆腹，卧足内凹。肩部饰三周弦纹，间以两组内凹式锥刺纹，左右饰小绹系各一，系两侧再饰"S"形堆塑各一。造型规整，釉色莹泽。

瓷器

原始瓷盖罐（2件）
Proto-porcelain Covered Jars

春秋（前770～前475年）
Spring-and-Autumn period (770BC–475BC)

通高9.9厘米　口径10.2厘米　底径7.9厘米

◎侈口，束颈，斜折腹，腹部渐收成平底。肩部堆贴绹纹耳和"S"形纹饰各一对。盖顶绹纹纽两端附贴一对"S"形纹饰。平底有粘沙。施青褐色釉。

青瓷魂瓶
Celadon Funeral Urn
东汉（25～220年）
Eastern Han period (AD25-220)
通高50.5厘米　口径6.5厘米　底径16.5厘米
1970年江苏常州新闸王家塘东汉墓出土

◎胎体坚致，釉色灰青。造型为九罐相连，即由两层五连罐相接而成。顶部为一个完整的罐形器，上下两层均等距围塑四个小罐，小罐下的柱面刻印怪异的人面纹，罐与罐之间堆塑鸡、鸭、猪、狗、羊、熊、鱼、鳖等。

瓷器

越窑青瓷蛙形水盂
Celadon Frog-shaped Water Jar of Yue Ware
西晋（265～316年）
Western Jin period (265–316)
高3.6厘米　口径4厘米　底径3.2厘米

◎直口，扁鼓腹，饼形足。腹部堆贴蛙的头、四足及尾。釉色青灰中泛黄，釉面开细片纹，足部无釉，露胎处呈灰褐色。

越窑印花带铺首双系罐
Yue Ware Impressed Design Jar with Double Loops
in the Shape of Knockers
西晋（265～316年）
Western Jin period (265–316)
高13.3厘米　口径7厘米　底径9.2厘米

◎敛口，扁鼓腹，肩部饰一对叶脉纹系，另有一对兽头衔环铺首及四周弦纹，第二、三周弦纹间以斜方格纹。釉色茶黄，釉质莹泽，施釉不及底，露胎处呈褐色，底内凹，有支烧痕。

**青瓷虎子**
Celadon Chamber Pot
东晋（317～420年）
Eastern Jin period (317–420)
高21厘米　口径6.7厘米　底径10.2厘米
1983年江苏常州照相机厂出土

◎口沿外撇，圆柱形柄，近口沿处饰两道弦纹，圆鼓腹，
卧底微内凹。胎体厚重，釉色青黄，施釉不及底，露胎处
呈褐色，口沿及把柄上有几点褐彩。

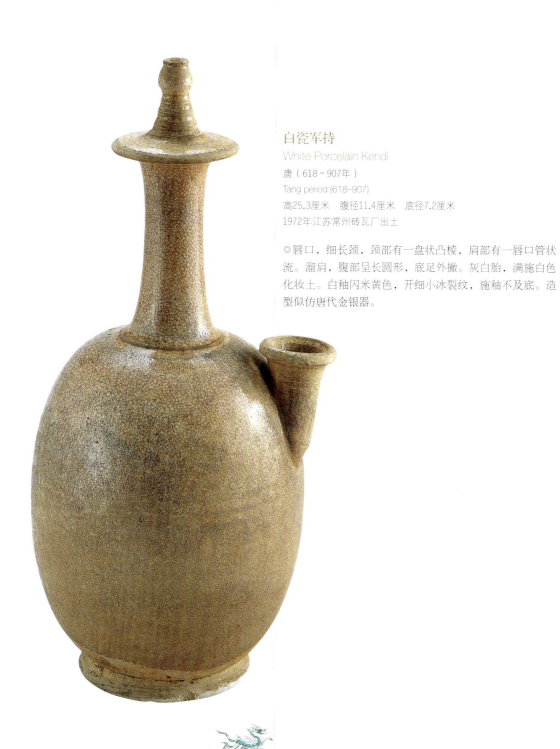

白瓷军持
White Porcelain Kendi
唐（618～907年）
Tang period (618–907)
高25.3厘米　腹径11.4厘米　底径7.2厘米
1972年江苏常州砖瓦厂出土

◎唇口，细长颈，颈部有一盘状凸棱，肩部有一唇口管状流。溜肩，腹部呈长圆形，底足外撇。灰白胎，满施白色化妆土。白釉闪米黄色，开细小冰裂纹，施釉不及底。造型似仿唐代金银器。

三彩釉堆贴花兽面纹净水瓶

Three-color-glazed Holy-water Vase with
Applied Animal Mack Design

唐（618～907年）

Tang period (618–907)

高23.5厘米 口径7.8厘米 底径8.4厘米

1972年江苏常州半导体厂工地出土

◎釉呈绿、黄、白三彩，釉层薄，为石灰釉，底无釉。口
沿外翻，竹节状颈，球体腹，喇叭形底足。装饰方法为斑
彩与模印贴花并用，腹部堆贴三个兽面纹。

瓷 器

长沙窑青黄釉褐彩戏球坐俑
Changsha Ware Greenish-yellow-glazed Brown-painted
Tomb-figurine of a Seated Ball-player
唐（618～907年）
Tang period (618–907)
高6.5厘米　底径4.6厘米
1978年江苏常州劳动中路出土

◎人物盘坐于圆座上，头戴小圆帽，耳部饰三角形耳坠，
右手握球贴于胸前，左手持弯曲球棍扛在肩上。全身施青
黄釉，胸、背等处点褐色斑纹。

**灰青釉褐彩卷草纹水盂**
Grayish-green-glazed Water Jar with Brown Scroll
唐（618～907年）
Tang period (618–907)
高5.7厘米　口径5厘米　底径5厘米
1978年江苏常州武进区建湖出土

◎敛口，圆腹，平底。釉色灰青，饰以黑褐色卷草纹。内外施釉，釉不及底。平底露胎有粘沙，灰胎。

**三彩釉水盂**
Three-color-glazed Water Jar
唐（618～907年）
Tang period (618–907)
通高7.4厘米　口径2.8厘米　底径4厘米

◎灰白泛黄色釉，施釉不及底。敛口，圆鼓腹，饼形足，有盖。盂腹饰竖条绿、褐色彩斑。盖顶为一圆点纽，并饰三道褐彩弦纹。

**长沙窑青瓷枕**
Celadon Pillow of Changsha Ware

唐（618～907年）
Tang period (618–907)

高6.2～6.9厘米　长12.3～13.9厘米　宽9.3厘米

◎枕近长方形，倭角，枕面下凹。施绿色釉，釉面开细小
纹片，釉薄处可见胎色。底露胎，胎色粉白略显灰黄色，
后壁转角处有一气孔。

**长沙窑黄釉双耳罐**

Yellow-glazed Double-handled Jar of Changsha Ware

唐（618～907年）

Tang period (618–907)

高15.6厘米　口径9.2厘米　底径10.4厘米

◎胎体粗松、轻薄，釉色黄。颈与肩之间饰一对小耳。罐身有褐色、青色相间的纹饰。施釉不及底，沙底微内凹。

瓷　器

**越窑刻花卷草纹镂空香熏**
Yue Ware Openwork Incense Burner with Carved Scroll
五代至北宋（907～1127年）
Five Dynasties to Northern Song period (907–1127)
通高8厘米　口径9.3厘米　底径6.1厘米
1975年江苏常州武进区西林出土

◎釉呈青黄色。全器以盖与座两部分相合成扁圆球形，以子母口相扣，大圈足，足底微凸，足根外撇。盒盖镂刻卷草纹，茎叶之外皆镂空。盖边及腹上部饰划花水波纹，腹下部刻划双层莲瓣纹。除盒盖的子口缘外，内外均施釉，底部有支烧痕。

**青白釉暗花缠枝牡丹纹渣斗**
Greenish-glazed Refuse-vessel with Veiled
interlaced Peony Design
北宋（960～1127年）
Northern Song period (960–1127)
高10.8厘米　口径15.6厘米　底径12.4厘米

◎口沿外翻，束颈，扁圆腹，喇叭状圈足。腹部饰划线花卉纹。胎体坚致，釉色白中泛青，釉质光润，内外通体施釉，圈足底有部分沙底。

**景德镇窑青白釉褐彩大圆盒**
Jingdezhen Ware Large-sized Round Box with Greenish Glaze and Brown Design
北宋（960～1127年）
Northern Song period (960-1127)
通高7.3厘米　口径11.5厘米　底径5.8厘米
1986年江苏常州北环二村出土

◎盒盖略呈圆弧形，顶面中间饰两道凸弦纹，圈中心为一褐彩圆点，弦纹圈外一周有六点褐彩。腹部有凸弦纹两道，折腰，子口无釉，浅圈足外撇。釉色白中泛青，施釉不及底，灰白胎。

瓷器

**越窑青釉刻花牡丹纹盖盒**
Yue Ware Celadon-glazed Covered Box
with Carved Peony Design
北宋（960～1127年）
Northern Song period (960–1127)
通高4.5厘米　口径13厘米　底径10厘米
1983年江苏常州劳动东路工地出土

○弧面圆盖，与盒身以子母口盖合。盒为浅坦腹，大圈足，足底微凸，足根外撇。盒盖边缘一周刻短花叶纹，中间三道弦纹包围牡丹纹。除盒盖的子口缘外，内外均施釉，釉呈青黄色，底部有支烧痕。

**耀州窑碗**
Bowl of Yaozhou Ware
北宋（960~1127年）
Northern Song period (960–1127)
高4.4厘米　口径10.8厘米　底径2.7厘米
1982年江苏常州平桥青龙港宋井出土

◎侈口，斜壁，小圈足。釉色青绿，釉质莹润。沙底无釉。
碗内壁有印花，图案为两婴孩手持折花嬉戏于花丛之中。

越窑暗花花草纹八角葫芦瓶
Yue Ware Gourd-shaped Octagonal Vase with
Veiled Floral Design
北宋（960~1127年）
Northern Song period (960-1127)
高7.5厘米　口径1厘米　底径2.2厘米
1984年江苏常州清潭体育场出土

◎八棱葫芦形，每面均饰划花卷草纹，线条清晰纤细。除
器底外，满施青釉，釉色青中泛灰，灰白胎。

**景德镇窑青白釉葵瓣碗**
Jingdezhen Ware Greenish-glazed Bowl with a lobed Rim
北宋（960～1127年）
Northern Song period (960–1127)
高7.9厘米　口径16厘米　底径6.4厘米
1973年江苏常州石油化工厂宋井出土

◎胎体较重，釉色白中泛黄。口沿呈五瓣花状外撇，碗内
壁顺花口沿有五道凸筋至底，内底与碗壁分界呈折腰状，
圈足壁外高内浅。圈足内有旋胎纹一圈，内有墨书。

瓷　器

### 越窑青釉划花鹦鹉牡丹纹盒
Yue Ware Celadon-glazed Box with Incised Parrot and Peony Design

北宋（960～1127年）
Northern Song period (960–1127)

通高5.5厘米　口径12.6厘米　底径9.6厘米
1973年江苏常州石油化工厂宋井出土

◎釉色灰青，胎色灰白。浅腹折腰，圈足外撇。盒盖纹饰采用刻划手法，外圈刻一周羽毛状纹，中间有两道凸出的弦圈内刻划鹦鹉牡丹纹，圈足底中心有三道刻划纹，近足根处有支垫痕及粘沙。

**白瓷盘口瓶**

White Porcelain Vase with a Dish-shaped Rim

北宋（960～1127年）

Northern Song period (960–1127)

高27.9厘米　口径8.4厘米　底径9厘米

1973年江苏常州浦前邱家墩出土

◎胎体轻薄，釉色白中微泛青，施釉不及底。盘口，短颈，丰肩，敛腹，假圈足内墙外撇。沙底有旋胎纹一圈。

瓷器

定窑白釉盘口梅瓶
Ding Ware White-glazed Prunus Vase
with a Dish-shaped Rim
北宋（960～1127年）
Northern Song period (960-1127)
高35.5厘米　口径9.5厘米　底径10.1厘米

◎盘口微外撇，束颈，溜肩，鼓腹，下腹渐收至底，假圈
足内墙外撇。胎质坚细，胎体轻薄，釉质莹润细白，略带
米黄色，施釉不及底，沙底有细密的旋胎纹。

**景德镇窑青白釉瓜棱执壶**

Greenish-glazed Melon-shaped Ewer of Jingdezhen Ware

北宋（960～1127年）

Northern Song period (960–1127)

通高15.8厘米　口径5.7厘米　底径8.8厘米

◎由盖和壶身组成。盖为扁圆饼形，正面中心凹陷，有一个花形小纽，盖缘一侧有一个管状穿孔系，底部有凸起的子口。器身为侈口，弧唇外卷，锥形束颈，圆球形瓜棱深腹，圆肩，肩腹部有宽鋬，鋬柄上端有一个管状穿孔系。鋬柄对应一侧有细长弯管流，平底微凹，可见旋胎及支烧痕，鋬柄下及管流下均刻划覆状荷花瓣纹暗花。通体施青白釉，釉质莹润，釉面有冰裂纹。

瓷器

### 青白釉荷叶形托盏

Greenish-glazed Cup and Saucer in the Shape of
a Lotus-flower

北宋（960～1127年）

Northern Song period (960–1127)

通高9.1厘米　托径12.7厘米　盏径5.8厘米　底径4.8厘米

◎釉色白中泛青，托盘口沿平折外翻，内为一高足盏，盏
外壁饰一周莲花瓣纹。圈足呈花叶形。整体造型似一开放
的荷花形。

**景德镇窑影青荷叶托盏**
Jingdezhen Ware Shadowy Blue Cup and
Saucer in the Shape of a Lotus-flower

北宋（960～1127年）
Northern Song period (960~1127)

通高8.7厘米　托径13.8厘米　盏径7.8厘米　底径4.8厘米

◎盏、托为一体。敛口，窄唇外翻折平，深弧腹，托盘呈六瓣荷叶形，锥形高圈足，足根处饰弦纹。胎体致密轻薄，通体施釉，釉色白中闪青，釉质莹润。

瓷 器

**建窑兔毫盏**
Jian Ware Cup with Hare's Fur Motif
宋（960～1279年）
Song period (960–1279)
高6厘米　口径12.5厘米　底径4.2厘米

◎敞口，内壁口沿下一周微凸，斜壁深腹，小圈足较浅。
施黑釉，釉面呈现兔毫结晶斑纹，外壁施釉不及底并有聚
釉、炸釉现象，胎体厚重，呈铁褐色。

**吉州窑碗**
Bowl of Jizhou Ware
宋（960~1279年）
Song period (960–1279)
高5.4厘米　口径11.2厘米

◎口沿微内敛，斜壁，小圈足。内壁饰剪纸贴花菱形花
纹，外壁饰玳瑁釉。圈足无釉，露黄白色胎。

瓷器

**吉州窑黑釉剪纸贴花凤纹碗**
Jizhou Ware Black-glazed Bowl with Paper-cut
Phoenix Design
宋（960～1279年）
Song period (960-1279)
高6.1厘米　口径15.2厘米　底径4.6厘米
1982年江苏常州青龙港工地出土

◎口微敛，斜腹壁，小圈足。通体施黑釉，外壁施釉不及
底。碗内釉面饰三个等距剪纸贴花凤凰纹，碗外饰玳瑁釉。

**景德镇窑影青观音坐像**
Shadowy Blue Seated Avalokitesvara of
Jingdezhen Ware
南宋（1127～1279年）
Southern Song period (1127–1279)
高25.4厘米　底座10.9×6.5厘米
1978年江苏常州市委人防工程宋井出土

◎观音头戴化佛冠，面相端庄安详，弯眉细目，秀鼻小
口，胸佩璎珞，身披通肩大衣，双手结定印，手腕戴环
钏，跣足，善跏趺坐于石崖之上。前面为莲花插座，净瓶
和小鸟分列左右。观音所披大衣和石崖处施青白釉，釉质
莹润，有冰裂纹，其余部分为涩胎。

瓷器

## 白瓷暗花碗
### White Porcelain Bowl with Veiled Design
南宋（1127～1279年）
Southern Song period (1127-1279)
高6.5厘米　口径16.1厘米　底径6.1厘米
1976年江苏常州武进区村前蒋塘宋墓出土

◎胎体轻薄，釉呈象牙白色，釉质莹泽。侈口，斜宽深腹，矮圈足，足墙细窄但整齐。碗内心为两条相向游鱼，内壁底腹有六条短出脊，碗外壁饰三层莲瓣纹，芒口。印花纹饰精细、规整，为定窑佳品。

瓷　器

**定窑银包口暗花透明碗**
Ding Ware Silver-rimmed Transparent Bowl with
Veiled Design
南宋（1127～1279年）
Southern Song period (1127–1279)
高5.2厘米　口径15.4厘米　底径3.2厘米
1976年江苏常州武进区村前蒋塘宋墓出土

◎釉呈象牙白色，釉质莹润。碗呈笠帽形，敞口，斜壁，
小圈足，胎体轻薄。外壁光素，内壁满饰纹饰，内心为一
小团花纹，腹壁为缠枝花中两凤飞翔，内口沿印一周回
纹，镶包银口。

## 定窑白瓷印花碗

Ding Ware White Porcelain Bowl with Impressed Design

南宋（1127～1279年）

Southern Song period (1127–1279)

高4.9厘米　口径15.9厘米　底径2.5厘米

◎釉色白中泛黄，呈象牙白色。胎体轻薄，胎色白中泛灰。内外施釉，有流釉痕。广口，斜壁，小圈足。碗内壁模印纹饰，近口沿处为一周回纹，以下为石榴与莲花纹，碗心为一小团花纹。芒口。

景德镇窑影青刻花牡丹纹筒式炉
Jingdezhen Ware Shadowy Blue Cylindrical Censer with
Carved Peony Design
南宋（1127～1279年）
Southern Song period (1127–1279)
高15.7厘米　口径12厘米　底径10.4厘米

◎通体施釉。炉呈筒式，大圈足。近口沿处饰一周回纹，中
部主题纹饰为牡丹花卉，底部饰水波纹，均采用刻划手法。

**景德镇窑青白釉暗花盆**
Jingdezhen Ware Greenish-glazed Basin
with Veiled Design
南宋（1127～1279年）
Southern Song period (1127–1279)
高4.2厘米　口径18.8厘米　底径5.9厘米
1975年江苏常州红梅公园前筑路工程窖藏出土

◎釉色青白，釉质莹润。通体施釉，釉底有乳点。口沿折翻，浅腹，坦底，口沿处有一对铜钮錾（仅存一），盆内壁口沿下模印一周仰莲瓣纹，盆内心饰狮子滚球暗花纹。仿定窑覆烧工艺，是景德镇窑的典型器。

瓷 器

**龙泉窑粉青釉弇口碗**
Longquan Ware Bluish-green-glazed Bowl
with a Contracted Mouth
南宋（1127～1279年）
Southern Song period (1127–1279)
高5.4厘米　口径13厘米　底径3.5厘米
1979年江苏常州红卫摇树村出土

◎敛口，束颈，斜弧壁，小圈足。釉色青绿，施釉至足，底无釉露灰白胎，圈足内有一脐状凸起。内壁刻香草纹，外壁刻变形莲瓣纹。碗心有铭文，但模糊难辨。

**影青羊形香插（2件）**

Shadowy Blue Ram-shaped Joss-stick Sockets

元（1271～1368年）

Yuan period (1271–1368)

高7.2厘米　长7.5厘米　宽约3.2厘米

◎釉色白中泛青，腹下无釉，露胎处呈白灰色。羊的四肢
卷曲，蹲卧式，头部稍旋转，嘴衔草叶，腹内镂空，背上
部有一圆孔，孔旁竖一空心小圆柱，可插香，堆贴有如意
云头纹。

瓷　器

**景德镇窑青花缠枝花卉纹大碗**
Jingdezhen Ware Blue-and-white Large Bowl with
Interlaced Flower Design

元（1271～1368年）
Yuan period (1271-1368)

高8.2厘米　口径17.8厘米　底径6厘米
1978年江苏武进礼河元墓出土

◎胎体厚重，釉呈青白色，釉面有纵向冰裂纹和缩釉点。
青花发色浓艳，有结晶斑。敞口，深腹，圈足，沙底心有
一脐状凸起。碗内外壁口沿各绘一周青花缠枝花卉纹，碗
心绘如意飘带云纹，外围双圈，外壁饰一周变形仰莲纹。
为元代景德镇民窑上品。

### 龙泉窑缠枝牡丹纹鼓花罐
Longquan Ware Jar with Interlaced Peony Design

元（1271～1368年）

Yuan period (1271–1368)

高21.3厘米　口径24.4厘米　底径18.2厘米

◎唇口，直沿，短颈，圆腹下敛，圈足外撇，平底。罐腹饰缠枝牡丹纹，下腹至底饰仰莲瓣纹，纹饰均外凸，呈鼓花。豆青色釉，釉质厚润，胎体厚重。口沿及足根沿无釉，呈"烧窑红"色。

瓷 器

**卵白釉暗花梅瓶**
Egg-white-glazed Prunus Vase with Veiled Design

元（1271～1368年）
Yuan period (1271–1368)

高25厘米　口径3.5厘米　底径8.2厘米

◎小口微侈，细颈，丰肩，腹上鼓下敛，底略外撇，假圈足。通体施乳浊卵白釉，白中闪青灰。瓶身有暗花纹饰，分三层：肩部饰内刻花朵纹的如意云头，腹部饰菊花纹，底部饰花卉纹。腹部接胎痕迹明显。

**龙泉窑莲瓣双鱼纹碟**

Longquan Ware Dish with Lotus-petal and Fish Design

元（1271～1368年）

Yuan period (1271–1368)

高4.3厘米　口径12.3厘米　底径5.7厘米

1982年江苏常州平桥工地出土

◎胎体厚重，造型端庄。口沿平折，浅弧腹，圈足。碟内心模印两条背向游鱼。釉色灰青，釉质厚润，有开片纹。

瓷器

磁州窑狮形烛台（2件）

Cizhou Ware Lion-shaped Candlesticks

元（1271～1368年）

Yuan period (1271–1368)

高13.5厘米　底座9.5×5.2厘米

◎立狮形，卷尾，立于椭圆形座上，其眉、眼、嘴、毛、尾等均以点彩表现。背上部有一圆台状烛台。

**磁州窑梅瓶**
Prunus Vase of Cizhou Ware
元（1271～1368年）
Yuan period (1271–1368)
高23厘米 口径4厘米 腹径15.8厘米 底径9厘米

◎唇口，短颈，丰肩，腹部上鼓下敛，足根外撇。白釉为地，饰以黑釉纹饰。腹部有两个菱形开光，开光内的花纹一为"林和清爱梅"，一为折枝花，自口沿至底绘多层次的装饰纹样。足底无釉，呈浅台阶形，并有不规则的乳丁状凸起。

瓷器

**磁州窑瓜棱水盂**
Cizhou Ware Melon-shaped Water Jar
元（1271~1368年）
Yuan period (1271–1368)
高7.5厘米　腹径5.5厘米　底径3厘米

◎器身呈瓜形，顶部有瓜茎为纽，茎的一头为流，腹部饰三片凸起的瓜叶纹，并堆塑一只老鼠爬在壶顶上，意为"老鼠偷油"。足底无釉内凹。

**吉州窑彩绘小净瓶（4件）**
Jizhou Ware Color-painted Small Holy-water Vases

元（1271～1368年）
Yuan period (1271~1368)

高8.8厘米　口径1.8厘米　底径3.2厘米
1984年江苏常州纺机厂工地出土

◎敞口，卷唇，长颈，圆鼓腹下垂，矮圈足，足根微外
撇。器表施白釉，饰以褐色彩绘。彩绘纹饰分几个层次，
口沿、颈部均饰弦纹，间以一周小蝶纹；近足部饰两周弦
纹。腹部主题纹饰分两组：一组（两瓶）为满绘海波纹；
另一组（两瓶）为对称花形开光，开光窗外满绘缠枝卷草
纹，一瓶开光内绘折枝纹，一瓶开光内绘一对奔鹿。

瓷　器

漳州窑蒜头壶
Zhangzhou Ware Vase with a Garlic-shaped Mouth
明（1368~1644年）
Ming period (1368–1644)
高32.2厘米　口径5.4厘米　底径10.2厘米

◎敛口，长颈，蒜头形，溜肩，扁鼓腹，圈足。釉呈牙黄色，釉面有开片纹。颈部堆贴螭龙纹，以下线刻回纹与缠枝花卉纹。圈足内施釉，足根平切。为明代漳州窑仿定窑器。

**漳州窑暗花花卉纹壁瓶（2件）**

Zhangzhou Ware Wall Vases with Veiled Flower Design

明（1368～1644年）

Ming period (1368–1644)

高17.3厘米　口边5.1×3厘米　底边6×2.9厘米

◎器形扁平，长方形口，扁圆腹，长方形圈足。通体施釉，釉色白中泛黄。有暗花纹饰，颈部为回纹，腹部为如意云头纹。

瓷　器

## 龙泉窑暗花缠枝花卉纹筒式三足炉

Longquan Ware Three-legged Cylindrical Censer with Veiled Interlaced Flower Design

明（1368～1644年）

Ming period (1368–1644)

高16.9厘米　口径25.8厘米　底径11厘米

◎炉呈筒形，腹向下渐收，下承三个印兽头的蹄形足。炉外壁从上至下以四道凸弦纹间以三个层次暗花纹饰，分别为云头纹、缠枝牡丹及小花卉纹。釉呈豆青色，釉质清亮透明，釉面有开片纹。底部露胎微外凸，炉内心及炉底有大片"火石红"，胎体厚重。

**青花莲花纹大盘**
Blue-and-white Large Dish with Lotus-flower Design

明（1368～1644年）

Ming period (1368–1644)

高5.3厘米　口径28厘米　底径20.2厘米

◎敞口，浅腹，圈足壁外直内撇。釉色白中泛青，青花有紫斑。圈足底无釉，有沙底。盘内壁近口沿饰一周卷草纹，中间饰缠枝莲花纹，盘内心为三圈弦纹内"一束莲"纹，盘外壁从上至下为回纹、缠枝莲、卷草纹。

瓷器

**青花人物纹盖罐**
Blue-and-white Covered Jar with Human Design
明（1368～1644年）
Ming period (1368–1644)
高42厘米　口径17.2厘米　腹径31厘米　底径21厘米

◎直口，束颈，丰肩，圆腹，足根部外撇，沙底略泛红。
釉为白中泛青，青花发色淡雅。将军盔形盖，宝珠纽。器
身满饰纹饰，自顶至底共八组，腹部主题纹饰为两组人物
图，分别为问道图和弈棋图，辅以云头、山石、波涛等，
以云纹间隔。

**龙泉窑刻花诸葛碗**

Longquan Ware Double-shell Bowl with Carved Design

明（1368～1644年）

Ming period (1368–1644)

高7.5厘米　口径14.1厘米　底径6.4厘米

◎直口，双层壁，内心浅腹，外壁深至底。足底有一圆孔，可见中空。碗内壁口沿刻划席纹，内心为月华锦纹，外壁刻牡丹花卉纹。底有涩圈。

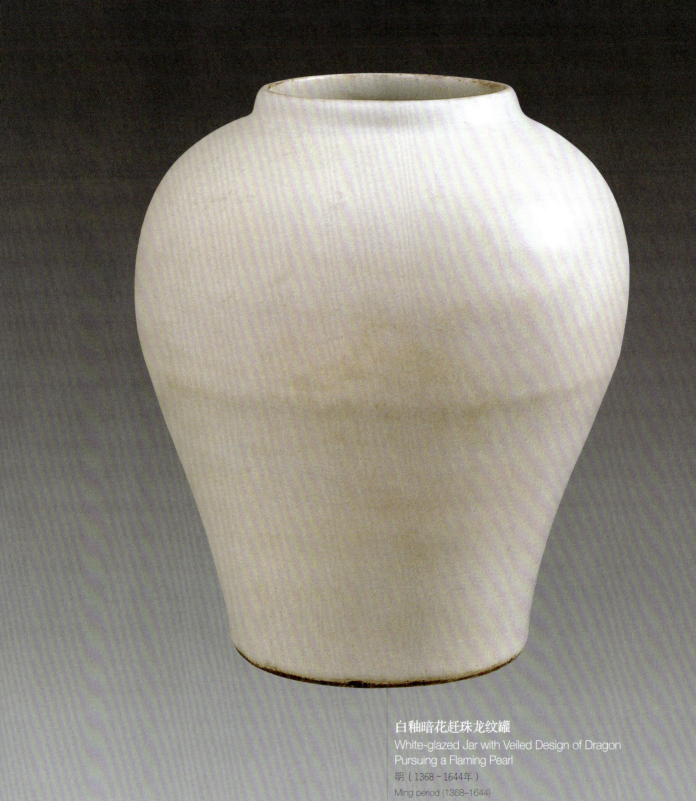

**白釉暗花赶珠龙纹罐**
White-glazed Jar with Veiled Design of Dragon
Pursuing a Flaming Pearl
明（1368～1644年）
Ming period (1368–1644)
高24.8厘米 口径11.4厘米 底径13.4厘米

◎釉色乳白，釉质莹润，通体施釉，釉层厚。敛口，溜肩，腹部上鼓下敛至底，浅假圈足。罐身饰暗花赶珠龙纹，近底部饰一周变体莲瓣纹。

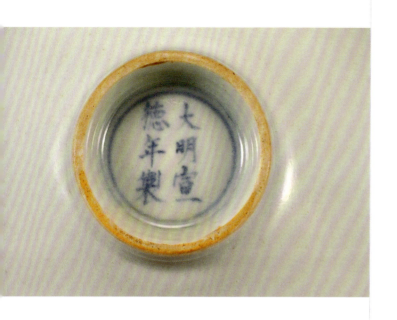

### 宣德款甜白釉鸡心碗
Sweet-white-glazed Bowl with Xuan De 宣德 Mark
明宣德（1426～1435年）
Xuande reign, Ming period (1426–1435)
高8.4厘米 口径16厘米 底径4.2厘米

◎侈口，深腹，斜弧壁，外底有脐状凸起，小圈足。内外施甜白釉，釉色白中泛青灰，釉质莹润。圈足底青花双圈内楷书"大明宣德年制"六字两行款。

瓷器

**青花婴戏纹碗**
Blue-and-white Bowl with Design of Children at Play
明宣德至正统（1426～1449年）
Xuande to Zhengtong reign, Ming period (1426–1449)
高6.3厘米　口径13.8厘米　底径5.8厘米

◎侈口，深腹，圈足。釉色白中泛青，釉质润泽。内口沿饰一周梵文，内心双圈内为宝杵图，外壁饰婴戏纹。

## 青花古钱纹碗
Blue-and-white Bowl with Coin Design

明景泰（1450～1456年）

Jingtai reign, Ming period (1450–1456)

高7厘米　口径15厘米　底径5.7厘米

◎侈口，深腹，圈足。釉色青白，青料发色浓艳，略见铁结晶斑。碗外壁主题纹饰为互连的钱币纹，底部为一周变体莲瓣纹，内壁上部饰一周钱币、花瓣与璎珞纹相缠连组合的纹饰，碗心饰以钱纹为花心、外围七个变形莲瓣组合的团花纹。

瓷器

## 成化款青花双龙纹大碗
Blue-and-white Large Bowl with Cheng Hua 成化 Mark
and Double-dragon Design
**明成化（1465~1487年）**
Chenghua reign, Ming period (1465–1487)
高9.3厘米  口径21厘米  底径8.8厘米

◎侈口，深腹，圈足。釉质莹润，青花发色淡雅。碗内壁
口沿饰水波纹，碗内心青花双圈内饰绶带如意云纹。外壁
主题纹饰为两条戏珠云龙，底部有一周变体仰莲纹。圈足
底青花双圈内楷书"大明成化年制"六字两行款。此碗为
同期景德镇官窑瓷器中的上品。

**正德款黄釉盘**
Yellow-glazed Dish with Zheng De 正德 Mark

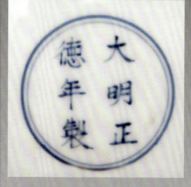

明正德（1506～1521年）
Zhengde reign, Ming period (1506-1521)
高4厘米　口径20厘米　底径11.2厘米

◎侈口，弧腹，大圈足。通体施鸡油黄色釉，釉质晶莹。
足底微下塌，施白釉，青花双圈内书"大明正德年制"六
字两行款。

瓷器

**青花松竹梅纹碗（2件）**
Blue-and-white Bowls with Pine, Bamboo and
Plum Blossom Design
明嘉靖（1522～1566年）
Jiajing reign, Ming period (1522–1566)
高6.7厘米　口径13.2厘米　底径4.6厘米
1996年江苏常州雕庄出土

◎侈口，深腹，小圈足。通体施釉，釉面清亮，青料发色
鲜艳。碗心绘一朵茶花，外壁口沿绘一周回纹，腹部为松
竹梅岁寒三友图。圈足青花双圈内楷书 "大明宣德年制"
六字两行伪托款，实为嘉靖时期景德镇民窑产品。

**青花釉里红山水人物纹碗**
Blue-and-white Bowl with Underglaze Red Design of
Landscape and Human Design

清康熙（1662~1722年）
Kangxi reign, Qing period (1662–1722)

高7.5厘米　口径17.2厘米　底径7.5厘米

◎釉色乳白，青花发色艳丽。内壁口沿饰一周松枝纹，内
心为青花釉里红山水秋景图，外壁饰青花釉里红垂钓图。
足底有青花"慎德堂博大制"款。

瓷器

**青花釉里红云龙纹炉**

Blue-and-white Censer with Underglaze Red Cloud
and Dragon Design

清康熙（1662～1722年）

Kangxi reign, Qing period (1662–1722)

高13.8厘米　口径27.8厘米　腹径27厘米　底径16.4厘米

◎口沿外翻，束颈，鼓腹，圈足。炉内心下凹呈台阶形，
圈足外高内矮。釉色白中见青。外壁饰青花釉里红云龙
纹，四爪龙为青花，火球及云彩用釉里红表现。圈足无
釉，有整齐的旋胎纹。

## 青花山水人物纹炉
### Blue-and-white Censer with Landscape and Human Design

清康熙（1662～1722年）
Kangxi reign, Qing period (1662–1722)

高13厘米　口径25厘米　腹径23.2厘米　底径13.4厘米

◎侈口，束颈，鼓腹，圈足。白釉，青花淡雅有层次。外壁饰山水人物故事纹，分为三组，分别是携琴访友、一人撑船以及一人扛伞赶路。底饰青花双圈。

瓷器

**景德镇窑青花人物故事纹瓶**
Jingdezhen Ware Blue-and-white Vase with Human
Figures from a Story
清康熙（1662～1722年）
Kangxi reign, Qing period (1662–1722)
高44.6厘米　口径11.6厘米　底径13.1厘米

◎浅盘口，直颈，折肩，筒形腹，圈足。白釉，青花淡雅
有层次。盘口沿饰一周回纹，颈部饰如意云纹和回纹，颈
肩交界处饰一周行云纹，腹部为山水人物故事"麻姑献
寿"图。足底微下塌，足根旋胎。

**青花鱼化龙纹盘**
Blue-and-white Dish with Fish-dragon Design

清康熙（1662～1722年）

Kangxi reign, Qing period (1662–1722)

高2.2厘米　口径15.7厘米　底径9厘米

◎敞口，折腹，矮圈足。盘内底青花双圈内为海水"鱼化龙"图案，内壁口沿有等距的四朵花卉间隔海水波涛纹。外壁口沿下为青花双圈，腹部为四个杂宝图案。圈足上青花双圈，底内心青花双圈内有花叶纹记号款。

瓷器

### 青花花卉纹大碗
Blue-and-white Large Bowl with Flower Design

清康熙（1662～1722年）
Kangxi reign, Qing period (1662–1722)

高14.8厘米　口径30.5厘米　底径15厘米

◎侈口，斜弧腹，圈足。内壁中心青花双圈内有石头、花卉、蝴蝶组合图案，内壁口沿处、外壁除圈足外均饰有八朵开光花卉，其中有兰花、向日葵、芍药、荷花、牡丹、菊花、梅花、桃花等，内壁开光外以几何图案相连，外壁开光外有缠枝花卉。圈足上有青花双圈。

**青花缠枝花卉纹将军罐**

Blue-and-white Covered Jar with Interlaced
Flower Design

清康熙（1662～1722年）

Kanagxi reign, Qing period (1662–1722)

通高54.8厘米 口径22.4厘米 底径25.4厘米

◎盔形盖，圆唇，直口，短领，溜肩，腹斜收，平底内凹。盖上满饰缠枝牡丹纹。器身内壁施白釉，外壁领上饰一周蕉叶纹，肩腹满饰缠枝纹，近底部饰一周蕉叶纹。

瓷 器

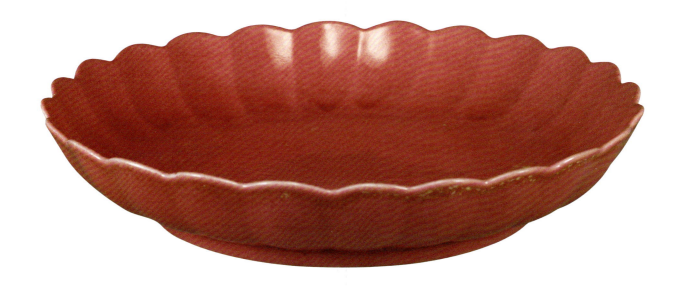

**胭脂红菊瓣盘**

Rouge-red Chrysanthemum-petal Dish

清雍正（1723～1735年）

Yongzheng reign, Qing period(1723–1735)

高3厘米　口径16.2厘米　底径10.5厘米

◎盘呈二十四出菊瓣形，内外壁均施釉，宽圈足，足墙内
收，盘心微凹。釉色呈胭脂红，发色鲜艳。圈足底为白
釉，青花双圈内楷书"大清雍正年制"六字两行款。

**青花八骏马纹碗**
Blue-and-white Bowl with Eight-stead Design
清雍正（1723～1735年）
Yongzheng reign, Qing period (1723--1735)
高6.4厘米　口径16.7厘米　腹径12.7厘米　底径6.1厘米

◎口沿外翻，斜折腹，圈足。口沿一周施酱釉。内口沿饰
青花双圈，内心为一马立于水波之中，外壁饰七马或驰或
立于山石树丛的水岸边。底有"大明嘉靖年制"伪托款。

**雍正款霁蓝盘**
Sky-clearing Blue Dish with Yong Zheng 雍正 Mark
清雍正（1723～1735年）
Yongzheng reign, Qing period (1723–1735)
高4.1厘米　口径21.3厘米

◎侈口，弧腹，圈足。内外施霁蓝色釉，釉质润泽。口沿处一周为白釉。足底青花双圈内楷书"大清雍正年制"六字两行款。

**雍正款青花五彩云龙纹花口盘**
Blue-and-white Lobed-rim Dish with Polychromic
Cloud-and-dragon Design and Yong Zheng 雍正 Mark

清雍正（1723～1735年）
Yongzheng reign, Qing period (1723–1735)

高3.7厘米　口径15.5厘米　底径8.6厘米

◎六瓣花口沿，盘内为白釉，外壁饰青花五彩云龙赶珠纹。
圈足底青花双圈内楷书"大清雍正年制"六字三行款。

瓷　器

### 雍正款祭红盘

Sacrificial Red Dish with Yong Zheng 雍正 Mark

清雍正（1723～1735年）

Yongzheng reign, Qing period (1723–1735)

高3.5厘米　口径16.3厘米　底径10.2厘米

◎敞口，浅弧壁，大圈足，盘心微下凹。施红釉，釉色纯正浓重。口沿一周及圈足底施白釉。足底青花双圈内楷书"大清雍正年制"六字两行款。

**青花夔龙纹盘**
Blue-and-white Hydra-dragon Design Dish

清雍正（1723～1735年）
Yongzheng reign, Qing period (1723–1735)

高3.9厘米　口径15.9厘米　底径9.3厘米

◎敞口，弧腹，圈足。盘内壁满饰夔龙纹图案，外壁等
距分布三朵花卉图案。圈足上有青花双圈，内底心青花
双圈内有方形图案款。

瓷器

**珊瑚红描金盏托（2件）**

Coral-red Saucers with Gold-drawn Design

清乾隆（1736～1795年）

Qianlong reign, Qing period (1736–1795)

高1.8厘米　口径11.2厘米　底径7.2厘米

◎口沿为八瓣菱花形，内壁相应压出凸筋，中心一周凸圈，浅圈足。内壁施金彩，外壁为珊瑚红釉描金缠枝莲。圈足白釉底内有墨书正楷"宝嗇斋制"款，为清乾隆年间私家堂名款。

### 乾隆款仿宋官窑象耳尊

Qian Long 乾隆 Mark Elephant-ear *Zun* Vase in Imitation
of an Imperial Kiln Product of the Song Period

清乾隆（1736~1795年）

Qianlong reign, Qing period (1736–1795)

高19.1厘米　口径7.8厘米　底径7.8厘米

◎釉呈浅青灰色，釉质润泽，有少量开片纹。侈口，直颈，圆腹，颈腹间有一对象形耳。足根部呈铁黑色，足底内有青花篆书"大清乾隆年制"款。

青花缠枝牡丹纹碗
Blue-and-white Interlaced Peony Design Bowl
清乾隆（1736～1795年）
Qianlong reign, Qing period (1736–1795)
高6.3厘米　口径14.9厘米　底径5.6厘米

◎釉色青白，青料发色较浓艳。碗内壁口沿饰两道青花
弦纹，碗心两道圆圈纹内饰缠枝团花纹；外壁口沿处饰
回纹，以下满饰缠枝牡丹纹，圈足壁饰两道弦纹。底有
"岑字号十二年样"七字两行款。

**黄地青花盘**
Blue-and-white Dish with Design on Yellow Ground
清乾隆（1736~1795年）
Qianlong reign, Qing period (1736–1795)
高5.3厘米　口径26.9厘米　底径17厘米

◎侈口，斜壁，大圈足。通体施黄釉。内外壁口沿处饰青花双圈，内心为缠枝石榴纹，外壁饰缠枝花卉纹。足底心下塌，有青花"大清乾隆年制"款。

### 斗彩缠枝花卉暗八仙纹碗
Bowl with Interlaced Flower Design in Contrasted Colors
and Veiled Design of Eight Immortals' Attributes

清乾隆（1736～1795年）

Qianlong reign, Qing period (1736–1795)

高5.3厘米　口径22厘米　底径10.1厘米

◎侈口，腹壁上弧下直，折腰，大圈足。白釉。周身均用
斗彩装饰，外壁为缠枝花卉和如意云纹间仰莲纹；碗心饰
轮花组合，内壁绘暗八仙纹，即道教中八仙手持花篮、阴
阳板、葫芦、宝剑、道情筒、扇子、荷花、笛子。足底青
花篆书"大清乾隆年制"六字三行款。

瓷　器

景德镇窑青花双耳瓶
Blue-and-white Double-handled Vase of
Jingdezhen Ware
清乾隆（1736～1795年）
Qianlong reign, Qing period (1736–1795)
高35.9厘米　口径15厘米　底径14.5厘米

◎盘口，长颈，肩部与腹呈折腰形，圈足外撇。釉色白中
泛青，青花稍晕散。颈部堆贴两个螭龙形耳。盘口沿饰一
周水波纹，颈部饰焦叶纹、小团花纹，主题纹饰为缠枝花
卉纹，肩部近折腹处饰一周水波纹，底部饰变体莲瓣纹，
圈足饰一周如意云头纹。

### 乾隆款红地粉彩花卉纹盘

Famille-rose Flower Design Dish with Qian Long 乾隆 Mark

清乾隆（1736～1795年）

Qianlong reign, Qing period (1736–1795)

高4.2厘米　口径25.7厘米　底径16.2厘米

◎敞口，斜腹，圈足。盘面为粉彩，盘心为紫色月华纹，
边饰三朵花卉，盘外壁饰三组红彩竹子。圈足底心有篆书
"大清乾隆年制"款。

瓷器

**乾隆款绿地粉彩花卉纹盘**
Famille-rose Flower Design Dish with Qian Long 乾隆 Mark
清乾隆（1736～1795年）
Qianlong reign, Qing period (1736–1795)
高4.3厘米　口径25厘米　底径15.8厘米

◎敞口，圆唇，斜腹，矮圈足。盘内壁饰牡丹、喇叭花、
菊花等花卉，盘外壁饰三组红彩竹子。圈足底心有篆书
"大清乾隆年制"款。

**青花花卉纹瓶**
Blue-and-white Flower Design Vase

清乾隆（1736～1795年）
Qianlong reign, Qing period (1736–1795)

高23.8厘米　口径4.7厘米　底径7.4厘米

◎圆唇，口微侈，溜肩，最大径在肩部，矮圈足。胎质细
腻，釉色白中泛青，青花发色浓艳，圈足底露胎。口沿下为
青花双圈，颈部饰一周蕉叶纹，其下饰一周连续回纹，肩部
饰一周如意纹，腹部饰石榴、佛手和桃子三组花卉，下腹部
饰一组变形花草纹和蕉叶纹，近圈足处为青花双圈。

瓷 器

**描金彩观音像**
Gold-drawn Avalokitesvara
清乾隆（1736～1795年）
Qianlong reign, Qing period (1736–1795)
高49.5厘米　最宽18.5厘米

◎观音头顶攒一髻，双肩披发，用黑釉表现，发髻前为描金的莲座佛像冠饰，冠饰垂璎珞，顺耳至胸前。面部神态安详，双耳垂肩，左手托降魔杵，右手拈花指。外披褐底通肩大衣，内衬绿地长裙，均描金有盘龙纹、花卉纹和竹叶纹。胸佩璎珞，腰部系带垂至足部，跣足。底无釉，中间有一圆孔。

### 嘉庆款青花御题诗海棠形碟
Blue-and-white Begonia-shaped Dish with
Jia Qing 嘉庆 Mark and His Poem

清嘉庆（1796～1820年）

Jiaqing reign, Qing period (1796–1820)

高2.2厘米　口径12.1×15.8厘米　底径10×14厘米

◎釉色青白，釉质润泽，青花发色淡雅。海棠形，底有四
个长条形小矮足。碟内外壁均饰缠枝牡丹纹，内底饰一圈
缠枝花卉，内为青花御题诗。底有青花"大清嘉庆年制"
六字三行款。

佳茗頭綱
貢澆詩必月團
竹罏添活火石
銚沸驚湍魚蟹
眼徐颺旗搶影
細攢一甌清興
足春盅辟輕寒
嘉慶丁巳小春
月之中澣
御製圖

**五彩龙凤纹碗**
Polychromic Dragon and Phoenix Design Bowl
清嘉庆（1796～1820年）
Jiaqing reign, Qing period (1796–1820)
高7.2厘米　口径15.5厘米

◎侈口，深腹，圈足。内外均绘青花五彩纹饰。外口沿绘
一周八宝纹边饰，中腹为两组龙凤组合纹，碗心绘一矾红
龙戏珠，衬以绿彩云纹，外围为青花双圈。圈足内青花篆
书"大清嘉庆年制"六字三行款。

**粉彩玉壶春瓶**
Pear-shaped Vase with Famille-rose Design
清同治（1862～1874年）
Tongzhi reign, Qing period (1862–1874)
高27.5厘米 口径8.7厘米 底径10.5厘米

◎侈口，长颈，垂腹，圈足。腹部饰粉彩花卉蝴蝶纹。圈足足墙露胎。

瓷器

**粉彩花鸟纹捧盒**
Box with Famille-rose Flower and Bird Design

清光绪（1875～1908年）
Guangxu reign, Qing period (1875–1908)

通高19厘米　最大腹径26.6厘米　底径16厘米

◎盖为馒头形，子母口，斜弧腹，圈足，平底。通体施白釉，子母口及圈足足墙露胎。盖与盒身纹饰连为一体，通体为粉彩花鸟图，由石榴、牡丹和鹌鹑组成。底部有"大清光绪年制"款。

**绿地粉彩花鸟纹瓶**

Vase with Famille-rose Flower and Bird Design

清光绪（1875～1908年）

Guangxu reign, Qing period (1875–1908)

高30.5厘米　口径11厘米　底径8.5厘米

◎四方瓶，绿地，饰粉彩花鸟纹。方口，尖圆唇，长颈，沿下饰四组葡萄纹，折肩，肩部有两个对称的蓝釉虎铺首，四方底，底内凹，有"大清乾隆年制"伪托款。

瓷器

**粉彩人物纹贯耳瓶**
Tubular-looped Vase with Famille-rose Human Design
清光绪（1875–1908年）
Guangxu reign, Qing period (1875–1908)
高30厘米　口径8.7×11.7厘米　底径10.1×13.3厘米

◎长方形口，方形贯耳。腹部正面为龙女牧羊图，背面为
渔妇晚妆图，侧面分别为瓶插花卉纹。长方形底，底心内
凹，楷书"彩华堂制"款。

**图书在版编目（CIP）数据**

常州博物馆五十周年典藏丛书．瓷器卷/常州博物馆编．
—北京：文物出版社，2008.10
ISBN 978-7-5010-2535-0

Ⅰ.常… Ⅱ.常… Ⅲ.①文物-常州市-图录②古代陶瓷
-常州市-图录　Ⅳ.K872.533.2　K876.32

中国版本图书馆CIP数据核字（2008）第116187号

| 题　　字 | 张怀西 |
| 摄　　影 | 孙之常 |
| 英文翻译 | 莫润先 |
| 书籍设计 | 顾咏梅　袁振宁 |
| 责任印制 | 梁秋卉 |
| 责任编辑 | 王　霞 |

| 出版发行 | 文物出版社 |
| 网　　址 | http://www.wenwu.com |
| E－mail | web@wenwu.com |
| 制版印刷 | 北京圣彩虹制版印刷技术有限公司 |
| 经　　销 | 新华书店 |
| 开　　本 | 889×1194mm　1/16 |
| 印　　张 | 6.5 |
| 版　　次 | 2008年10月第1版 |
| 印　　次 | 2008年10月第1次印刷 |
| 定　　价 | 80元 |